Lupta Spirituală

SORA EMMANUEL MAILLARD

Lupta Spirituală

Cale rapidă de unire cu Dumnezeu

© 2021 de Children of Medjugorje inc.
Toate drepturile rezervate.

Traducere din franceză de Janine Rusneac.
Design copertă de Nancy Cleland.

Toate drepturile rezervate. Nicio parte a acestei publicații nu poate fi reprodusă, distribuită sau transmisă sub nicio formă sau prin orice mijloace, inclusiv fotocopierea, înregistrarea sau alte metode electronice sau mecanice, fără permisiunea prealabilă scrisă a editorului, cu excepția cazului citatelor scurte încorporate în recenzii critice și unele utilizări necomerciale permise de legea drepturilor de autor.

Informații despre comandă:
Comenzile se fac pe pagina de Facebook a Fundației "Copiii Medjugorjeului"—Romania, la linkul: www.facebook.com/rusneacjanine
Ingram Content: www.ingramcontent.com

ISBN-13: 978-1-7363308-4-5 (PAPERBACK)
ISBN-13: 978-1-7363308-5-2 (EPUB E-BOOK)

10 9 8 7 6 5 4 3 2 1

Disponibil în E-Book.

Children of Medjugorje
www.childrenofmedjugorje.com

Martirilor din vremurile noastre care se împotrivesc păcatului până la sânge, Tuturor celor care doresc să învețe să lupte.

Draga mea soră,

Îți mulțumesc pentru broșura ta privind lupta spirituală.

Mi se pare foarte educativă, iar citatele Sfinților și ale Părinților Deșertului sunt foarte potrivite. Mai mult ca oricând, este evident faptul că este timpul luptei spirituale.

Îți dau bucuros un **nihil obstat**.

Monseniorul Marc Aillet, Episcop de Bayonne, 9 Mai 2020

Cuprins

Introducere . . . *ix*

1. Rugăciunea, locul unirii cu Dumnezeu, este absolut esențială . . . 1
2. Satana încearcă să se opună rugăciunii cu toată puterea sa . . . 3
3. Armele pentru a obține victoria . . . 7
4. Dumnezeu permite această luptă numai în măsura în care ea poate să ne facă să creștem și să ne unim mai mult cu El . . . 17
5. Roadele unei lupte bine purtate . . . 19

Anexa . . . *27*

1. Anexa 1
   Câteva mesaje ale Mariei despre Rozariu . . . 29
2. Anexa 2
   O rugăciune puternică . . . 31
3. Anexa 3
   Maria ne vine în ajutor . . . 33
4. Anexa 4
   Papii ne luminează . . . 37
5. Papa Leon al XIII-lea . . . 41

Introducere

"Îmbrăcați-vă cu armura lui Dumnezeu ca să puteți sta în picioare în fața înșelătoriilor diavolului, căci noi nu avem o luptă împotriva sângelui și a trupului, ci împotriva conducătorilor, împotriva autorităților, împotriva puterilor acestei lumi a întunericului, împotriva spiritelor răului care sunt în înălțimi!" (EF 6,11-12)

Îndemnul Sfântului Pavel din scrisoarea sa către Efeseni dă tonul. Încă de la început suntem informați și avertizați: viața creștină, în care rugăciunea este culmea ei, ne duce pe un câmp de luptă și ne cheamă să purtăm o adevărată bătălie. Adversarul, Diavolul, este numit și dezvăluit. Aflăm că el este un înger viclean, puternic și invizibil. Suntem oarecum în situația lui David împotriva lui Goliat. Dar în această luptă nu suntem singuri: Dumnezeu însuși ne protejează cu armura iubirii Sale și primim de la El armele pentru a lupta și a obține victoria.

Unul dintre primele lucruri de care trebuie să fim conștienți este că această luptă este mai înainte de toate o luptă împotriva noastră înșine, împotriva patimilor care ne agită, a rănilor care ne-au devastat, a consecințelor negative și a tendințelor care au fost generate în noi (îndoială, tristețe, furie, invidie, revoltă, violență, disperare etc . . .). Tocmai acestea sunt locurile unde va avea loc lupta. Fiecare dintre noi este unic, dar tiparul este întotdeauna același pentru toți. Acest tipar este cel care, în Cristos, ne conduce la o reconciliere profundă cu noi înșine și în cele din urmă la acea pace care depășește orice înțelegere, pe care numai Dumnezeu ne-o poate da. Dar ea nu ne va fi dată în mod profund și durabil decât după o luptă lungă și adeseori dificilă.

De ce este așa? De ce rugăciunea constituie o miză atât de mare încât uneori putem chiar să fim chemați să "ne împotrivim până la sânge"?

1. Rugăciunea, locul unirii cu Dumnezeu, este absolut esențială

Știm că rugăciunea este modalitatea perfectă de a realiza unirea cu Dumnezeu, unire care este vocația fiecărui suflet uman creat pentru veșnicia de iubire cu Creatorul și Dumnezeul său. De fapt, Dumnezeu l-a creat pe om pentru a-l copleși cu binefacerile Sale și pentru ca acesta să trăiască în comuniune perfectă cu El. Miza este, deci, vitală. Fericirea noastră depinde de ea. În adâncul nostru, noi știm bine acest lucru, pentru că această sete de plinătate, această sete de iubire adevărată este gravată în fiecare dintre noi ca un sigiliu al Creatorului. Indiferent dacă cineva este credincios sau nu, ea ne urmărește neîncetat. Rugăciunea este locul în care unirea va putea fi trăită, iar torentele tandreții divine se vor revărsa în noi.

Este atât de simplu? Din păcate, nu, căci există multe obstacole! Cele mai frecvente sunt exterioare, iar cele mai subtile sunt interioare.

2. Satana încearcă să se opună rugăciunii cu toată puterea sa

Sfântul Petru a exprimat bine acest lucru printr-o imagine realistă: "Fiți cumpătați, vegheați! Dușmanul vostru, diavolul, ca un leu care rage, dă târcoale căutând pe cine să înghită!" (1P 5,8)

În primul rând, Satana ne va șopti adeseori că există lucruri mai bune de făcut decât să ne rugăm, lucruri foarte concrete al căror rezultat sau eficacitate se poate vedea imediat. De exemplu, putem să fim cuprinși de o foame sau o sete irezistibilă, putem să adormim brusc, trebuie să dăm un telefon sau să trimitem un e-mail care dintr-odată a devenit absolut necesar și urgent, putem să fim tentați să mergem în vizită la un frate aflat în suferință . . . Recunoaștem cu ușurință "laba" celui Rău, pentru că astfel de gânduri apar doar în momentul în care ne îndreptăm spre capelă. Întârziere, diversiune . . . orice este bun ca să ne facă să pierdem din vedere urgența absolută a rugăciunii.

Odată ce aceste prime obstacole sunt demascate și depășite,

Satana își va schimba modul de acțiune și va ataca cu și mai multă viclenie, din interior.

Odată ce ne-am instalat, suntem îngenuncheați și reculeși, el ne va lăsa, de exemplu, să recităm întruna formule frumoase, dar pe care le rostim fără să ne implicăm inima în ele. De asemenea, îi place să ne inspire un plan genial, un meniu perfect pentru ziua următoare, o achiziție indispensabilă sau o modalitate perfectă de a rezolva o problemă actuală! Și, uneori, chiar considerăm aceste gânduri drept inspirații divine, fără să ne dăm seama că ele pur și simplu au împiedicat dialogul cu Dumnezeu.

Cel Rău poate, de asemenea, să sugereze conștiinței noastre că rugăciunea noastră este nulă și că ea nu servește la nimic, sau ne chinuie cu amintirea obsedantă a păcatelor deja mărturisite, care ne perturbă dialogul cu Domnul, blocându-ne într-o vinovăție diabolică care ne taie în mod sigur de la iubirea lui Dumnezeu.

Un alt procedeu clasic al celui Rău: conversațiile imaginare. Iată-ne prinși în discuții interminabile cu o persoană sau alta care ne enervează, care ne face să suferim o nedreptate sau chiar cu persoane pe care le iubim și cu care ne proiectăm într-o situație iluzorie. Foarte multe gânduri parazitare care, încă o dată, ne scot din momentul prezent, tocmai acel moment în care Dumnezeu este acolo și se dăruiește.

Cel Rău excelează în a ne inspira gânduri necurate, iar noi suntem tentați să ne oprim la ele și să ne complăcem în ele. De asemenea, îi place să ne pună pe nas ochelari de mărire, care deformează situațiile și ne decuplează de la realitate. Atunci totul devine dramatic, ne pierdem pacea și, odată cu ea, prezența lui Dumnezeu. Cât despre faimosul "șiretlic al cricului"*, el ne face să anticipăm în imaginația noastră o dificultate, o suferință, chiar o mare nenorocire, evenimente care nu se vor întâmpla niciodată, dar care ne vor tulbura mintea, ne vor provoca suferințe și neliniști inutile; încă o dată, toate acestea ne vor îndepărta de Dumnezeu.

Folosindu-se de psihologia noastră rănită, Satana poate să ne obsedeze și să ne forțeze mintea să se oprească asupra unor gânduri recurente sau imagini nedorite, care ni se par imposibil de alungat sau de stăpânit. Dumnezeu poate permite acest lucru în noaptea spiritului; atunci, trebuie să așteptăm cu răbdare clipa eliberării, clipă pe care numai Dumnezeu o decide, spre binele nostru. În acel moment, sufletul nu știe că Dumnezeu este cu el, dar El este mai prezent ca oricând. Un exemplu bun ne este dat în viața Ecaterinei de Siena. Închisă de familia ei într-o temniță, ea a suferit atacuri îngrozitoare din parte Satanei. Timp de trei zile și trei nopți, el i-a impus viziunea unor scene foarte necurate, pe care ea nu reușea să le alunge în ciuda eforturilor eroice. În zadar a cerut ea ajutorul lui Dumnezeu. Sentimentul de absență a lui Dumnezeu, pe care l-a avut atunci, a făcut-o să sufere foarte mult. La sfârșitul acestei încercări, ea l-a întrebat pe Isus unde a fost în acele trei zile. "Am fost în inima ta", a răspuns El. Apoi, Isus a făcut-o să înțeleagă că dacă ea a putut să evite păcatul de a se complăcea în acele viziuni necurate, dacă a putut să obțină victoria împotriva Satanei, a fost datorită prezenței Lui în ea, chiar dacă această prezență era ascunsă.

Satana folosește și lumini false: deghizat în înger de lumină, el ne va inspira gânduri, cuvinte sau acțiuni, revelații care ne

---

* A se vedea cartea: "Pacea va avea ultimul cuvânt" — de sora Emmanuel — capitolul 22 vor flata ego-ul, ne vor exalta sinele și ne vor umple subtil cu mândrie. Acest punct este esențial pentru a recunoaște acțiunea celui Rău. Viziunile adevărate și aparițiile reale nu oferă acest tip de plăcere la momentul respectiv. Din contră, ele generează frică. În Biblie, toți profeții au exprimat foarte clar acest lucru.

Invers, cealaltă fațetă a acestei ispite ne va arunca în deprimare și ne va închide într-o imagine falsă și greșită despre noi înșine: nu valorăm nimic, nu vom realiza nimic niciodată, cum ar putea Dumnezeu să ne iubească, la ce bun să ne rugăm? Se începe cu descurajarea și se poate ajunge la disperare; semne evidente că cel Rău lucrează.

În rugăciune, Satana poate încerca, de asemenea, să ne infecteze rănile, vechi sau actuale, sau să introducă în ele otrăvurile de care el însuși este plin și să ne facă să simțim tristețe, amărăciune, disperare, revoltă, îndoială de iubirea lui Dumnezeu, invidie, etc. Aici, iarăși, recunoaștem copacul după roadele lui. Spiritul bun ne va îndemna să ne oferim rănile.

Desigur, numărul artificiilor dușmanului este nelimitat și perfect adaptat personalității noastre, stării noastre sufletești și tipului nostru de activitate.

3. Armele pentru a obține victoria

"De aceea, luați armura lui Dumnezeu ca să vă puteți împotrivi în ziua cea rea și după ce veți fi învins toate, rămâneți [în picioare]! Așadar, stați gata, încinși la mijloc cu adevărul și îmbrăcați cu platoșa dreptății, având picioarele încălțate cu râvna Evangheliei păcii! Să țineți întotdeauna în mână scutul credinței cu care veți putea stinge săgețile aprinse ale Celui Rău! Luați și coiful mântuirii și sabia Spiritului, care este cuvântul lui Dumnezeu!" (EF 6,14-17)

În ceea ce privește lupta spirituală în rugăciune, modelul nostru perfect, cel pe care suntem chemați să-l urmăm, este, desigur, Cristos însuși. El a trăit toate lucrurile ca noi, cu excepția păcatului. Scrisoarea către Evrei ne dă această asigurare: "Așadar, prin faptul că El însuși a îndurat încercarea, poate să vină în ajutorul celor care sunt încercați." (EV 2,18)

ÎN TIMPUL ISPITIRII DIN DEȘERT, diavolul însuși a încercat totul pentru a-l abate pe Isus de la misiunea sa. Isus era înfometat, iar prima ispită se desfășoară pe acest teren. Aici, Satana folosește toate nevoile și atracțiile naturii noastre umane, cum ar fi hrana și alte nevoi corporale. El îl îndeamnă pe Cristos să caute și să se delecteze cu puteri magice, o abatere de la misiunea mântuirii pentru care a fost trimis. Acest lucru ne conduce, de exemplu, la a prefera magia Satanei, chiar dacă nu o numim ca atare, atunci când Dumnezeu pare să nu ne răspundă în rugăciune.

CEA DE-A DOUA ISPITĂ se referă la atotputernicie: "Dacă ești Fiul lui Dumnezeu, aruncă-te jos de aici" (de pe Templu). Isus nu a vrut să se afunde în exaltarea iluzorie a sinelui. El ne reamintește că "oricine se înalță pe sine va fi umilit, iar cel care se umilește va fi înălțat" (LC 14,11) și ne invită ca, în rugăciune, să nu cădem în capcana gândurilor care ne flatează mândria.

Iar ceea ce ne învață ULTIMA ISPITĂ A LUI ISUS este că scopul final al Satanei este de a-i lua locul lui Dumnezeu, pentru a fi adorat. Iar noi suntem chemați tocmai la a ne împotrivi acestui lucru, uneori într-un mod subtil, atunci când, de exemplu, obținerea unei responsabilitățíi, a unei puteri, a unui dar sau a unei carisme devine un scop în sine deconectat de slujirea lui Dumnezeu și a aproapelui. Cererea lui Simon vrăjitorul oferă un exemplu perfect. Chiar și cererea unui bine spiritual, ca revărsarea Spiritului Sfânt, pentru plăcerea personală sau pentru un folos personal, ne deviază de la voia lui Dumnezeu și ne face să intrăm în jocul adversarului.

AGONIA DIN GHETSIMANI ne învață, în primul rând, că trebuie să "veghem și să ne rugăm pentru a nu intra în ispită", adică faptul că puterea de a rezista la mașinațiile diavolului ne-o putem scoate doar din adâncul rugăciunii. Și, de asemenea, ne arată că Dumnezeu însuși ne vine în ajutor. Acest moment crucial din viața lui Isus ne permite să ne bazăm pe El, în rugăciune, pentru a trece împreună cu El prin neliniștea și rănile cauzate de cele mai dificile încercări. Și atunci, chiar dacă Satana vrea să ne demonstreze că totul este pierdut, noi putem continua să avem încredere în Tatăl și să perseverăm în rugăciune.

DIN ISPITA SA SUPREMĂ, PE GOLGOTA, aflăm că dușmanul vrea să ne facă să ne îndoim de iubirea lui Dumnezeu, de existența Lui și de cea a Cerului. El vrea, astfel, să ne închidă într-o disperare abisală și să facă din viața noastră baptismală o absurditate. Cel Rău încearcă, așadar, să ne împiedice să ne dăm viața până la capăt, sugerându-ne că acest lucru nu are niciun sens și că nu servește la nimic ("Dacă ești Fiul lui Dumnezeu, coboară de pe cruce!").

Isus ne dă cheia victoriei: o încredințare totală a sinelui în mâinile Tatălui.

Folosit de Cristos în timpul ispitei din deșert, CUVÂNTUL LUI DUMNEZEU ESTE UNA DINTRE ARMELE PRINCIPALE ÎN ACEASTĂ LUPTĂ. Bazându-se pe acest Cuvânt, răspunsul la ispite are o forță incomensurabilă. Aceasta se numește metoda antiretică. Ea constă în citarea textuală a unui pasaj din Scriptură ca răspuns la o ispită care ni se prezintă. Este metoda folosită de Isus însuși, care rămâne, în această privință, modelul nostru perfect. Satana urăște acest lucru mai presus de orice, deoarece Cuvântul lui Dumnezeu este adevăr și lumină; această lumină îl arde și îl pune pe fugă. Cuvântul lui Dumnezeu ne reașază în Dumnezeu, ne fixează în Dumnezeu și ne restabilește în adevăr. El este acea sabie cu două tăișuri despre care vorbește Sfântul Paul, care face posibilă discernerea intențiilor inimii.

NUMELE LUI ISUS este o armă puternică care ne ajută să obținem victoria. Satana nu suportă să invocăm numele lui Isus, deoarece îl face pe Isus (Dumnezeu mântuiește) prezent și atunci Isus însuși este cel care luptă împreună cu noi. Cu toate acestea, efectul nu este magic, fiindcă trebuie să aderăm cu adevărat la Mântuitorul nostru, cu toată ființa noastră, și să nu-i rostim numele doar din vârful buzelor.

În multe mănăstiri, atât catolice, cât și ortodoxe, RUGĂCIUNEA LUI ISUS este recitată pe tot parcursul zilei: "Doamne Isuse Cristoase, Fiul Dumnezeului celui Viu, îndură-te de mine, păcătosul" (cap. 2667 Catehismul Bisericii Catolice). Această rugăciune îl ține la distanță pe dușman și ea a fost pentru mulți o cale de creștere spirituală, de vindecare interioară și de sfințenie.

SEMNUL CRUCII ESTE, de asemenea, foarte eficient. Acesta îi reamintește celui Rău locul unde a fost învins definitiv, îi arată înfrângerea sa și, în final, neputința sa completă. Semnul crucii ne așază în circulația iubirii trinitare și restabilește comuniunea cu Dumnezeu. Din nou, nu este vorba de un act magic, ci de o mișcare a inimii.

RUGĂCIUNEA ÎN LIMBI poate să fie o armă extrem de eficientă. Atunci când "Spiritul Sfânt mijlocește în noi cu suspine negrăite" (ROM 8,26), adică atunci când ne rugăm în limbi, în noi nu mai există spațiu pentru Satana. Întregul spațiu

Armele pentru a obține victoria

este ocupat de Dumnezeu, nu mai suntem preocupați de noi înșine, nu mai există niciun gând, deci nicio ispită, este rugăciunea liberă prin excelență. Atunci, cel Rău nu are niciun control asupra noastră.

POSTUL este o armă esențială împotriva Satanei, căci cel care postește eliberează în el un spațiu mai mare pentru Spiritul Sfânt și astfel își protejează rugăciunea de intervenția dușmanului. Acesta este motivul pentru care cel Rău face totul ca să ne împiedice să postim (și reușește foarte bine !). Înainte de a-și începe misiunea, Isus a postit timp de 40 de zile și 40 de nopți. Și El a amintit în mai multe rânduri că, în lupta împotriva spiritelor rele, postul este indispensabil pentru obținerea victoriei. Postul ne clarifică și ne purifică gândurile în rugăciune.

CREDINȚA, ca virtute teologală, ne înconjoară cu o astfel de lumină, încât Satana nu poate să ajungă la noi. Această lumină a Credinței este un adevărat scut, după cum ne amintește Sfântul Paul în scrisoarea către Efeseni: "Să țineți întotdeauna în mână scutul credinței cu care veți putea stinge săgețile aprinse ale celui Rău!" (EF 6,14). În adâncul nopții ei spirituale, în ciuda faptului că Satana îi sugera că Cerul nu există și că ea se va cufunda tot mai adânc în întuneric, curajoasa Mică Tereza spunea: "Cred ceea ce eu vreau să cred."

ROZARIUL este considerat de mulți sfinți ca fiind o armă foarte puternică împotriva dușmanului. Această contemplare a lui Cristos în diferitele momente ale vieții Sale ne face să nu ne mai concentrăm asupra noastră înșine, ci să ne ancorăm sufletul în Domnul. Cel Rău nu mai are spațiu pentru a-și realiza lucrările abjecte, el își pierde libertatea de mișcare de care are nevoie pentru a ne face rău, deoarece sufletul este ocupat de Cristos, de Cel care l-a învins în mod clar pentru totdeauna. Or, devenim ceea ce contemplă! În Medjugorje, Maria le-a făcut vizionarilor această frumoasă mărturisire: "Când eram pe pământ, mă rugam constant Rozariul". La întrebarea: "Cum făceai acest lucru", ea a răspuns: "Aveam ochii inimii fixați în mod constant asupra vieții lui Isus". O meditație care i-a permis, cu siguranță, să crească în interior și să meargă din victorie în victorie!

(În Anexa 1 — câteva mesaje ale Sfintei Fecioare de la Medjugorje)

PADRE PIO se ruga în mod constant rozariul. Într-o seară, adresându-se confratelui care-l ajuta să se pună în pat, Padre Pio îi ceru: "Frate, înainte de a pleca, ia-mi arma din buzunarul hainei". Tânărul frate, surprins, se uită să vadă dacă în buzunarele hainei lui Padre Pio era într-adevăr o armă. Padre insistă: "Caută bine, e acolo!" Ca să nu-l supere, fratele își băgă din nou mâna în buzunar și spuse: "Padre, aici nu găsesc nicio armă, nu e decât un Rozariu", iar viitorul sfânt îi răspunse: "Păi, ăsta nu-i o armă?"

UN SINGUR ÎNGER PĂZITOR este mai puternic decât Satana și iadul la un loc, fiindcă el este în Dumnezeu și Dumnezeu este în el. Iată de ce Biserica recurge atât de des la Arhangheli și la Îngeri în lupta spirituală. Ei fac parte integrantă din arsenalul exorcistului. Să nu uităm rugăciunea Papei Leon al XIII-lea, numită "Micul Exorcism", care începe cu o lungă invocare a Sfântului Arhanghel Mihail.

SFÂNTA FAUSTINA mărturisește: "... Mă grăbeam să mă întorc acasă. Făcusem câțiva pași, însă un număr mare de demoni

Armele pentru a obține victoria

mi-au blocat calea. M-au amenințat cu chinuri groaznice și s-au auzit voci: "Ea ne-a răpit tot pentru ceea ce am muncit atâția ani". Când i-am întrebat: "De unde veniți în număr atât de mare?", aceste personaje malefice mi-au răspuns: "Din inimile oamenilor; nu ne chinui!". Văzând ura lor îngrozitoare față de mine, l-am chemat imediat în ajutor pe Îngerul meu Păzitor și numaidecât înfățișarea sa clară și strălucitoare s-a arătat lângă mine. El mi-a spus: "Nu-ți fie frică, mireasa Domnului meu. Fără permisiunea Lui, aceste spirite nu-ți vor face niciun rău". Îndată, spiritele rele au dispărut, iar credinciosul meu Înger Păzitor m-a însoțit în mod vizibil până în pragul casei. Privirea lui era modestă și plină de pace și o rază de foc îi ieșea din frunte." (Mic Jurnal § 418, 419)

SATANA ÎI URĂȘTE PE SFINȚI! Ei îi amintesc de numeroasele înfrângeri pe care i le-au provocat, pentru a ajunge la sfințenie. Invocarea numelor lor este extrem de eficientă. Unii exorciști ne-au mărturisit că simpla evocare a lui Maryam din Betleem, a lui Ioan Paul al II-lea sau a lui Padre Pio era suficientă pentru a-l pune pe fugă pe diavol. De asemenea, mulți profită de folosirea relicvelor sfinților pentru a-l învinge.

SFÂNTA FECIOARĂ MARIA este, fără îndoială, cea mai bună exorcistă care poate exista, deoarece ea a primit chiar de la Dumnezeu misiunea de a zdrobi capul șarpelui. Simplul ei nume îl înfurie pe cel Rău, cu atât mai mult prezența ei! Venerabila Marthe Robin, care o vedea pe Sfânta Fecioară Maria cel puțin în fiecare săptămână, spunea: "Ar trebui să vedeți cum Satana se prăbușește când o vede venind!" Invocarea ei în rugăciune ne permite în mod cert să primim un sprijin important din partea ei, fiindcă atunci ea vine în persoană și se roagă cu noi. O rugăciune cunoscută, "Augustă Regină a Cerului" (a se vedea Anexa 2), ne va ajuta în cele mai grele lupte, rugăciune pe care ea însăși i-a inspirat-o unui preot.

Fiind o mamă, Sfânta Fecioară Maria este întotdeauna aproape de noi, de copiii ei iubiți, și ea nu încetează niciodată să ne călăuzească pe calea mântuirii, victorioși asupra răului. Pentru a ne proteja de atacurile satanice, ea ne invită să ne refugiem sub mantia ei maternă, să ne alipim de Inima Ei Imaculată; or, însuși Cel Preaînalt a îmbrăcat-o cu această mantie în ziua Bunei Vestiri, iar Satana nu a putut niciodată s-o pătrundă cu săgețile lui otrăvite. Maria este puternică "ca oștile sub steagurile lor de luptă" (CÂNT. 6,10) (a se vedea Anexa 3).

SPRIJINUL UNUI DIRECTOR SPIRITUAL BUN este necesar pentru a duce lupta spirituală în rugăciune. Deschiderea inimii, punerea în lumină a ispitelor care ne asaltează este o modalitate sigură de a-l face pe dușman să se retragă, căci el urăște să fie numit și descoperit. Părintele nostru spiritual ne va ajuta să discernem, să evităm capcanele și să depășim dificultățile. Important este să nu duceți lupta singuri.

SACRAMENTUL RECONCILIERII ne permite să ne curățăm în Sângele lui Cristos de reziduurile iertărilor pe care nu le-am acordat, de infecțiile pe care dușmanul le provoacă în rănile noastre și care ne otrăvesc rugăciunea până la a o face uneori imposibilă. De asemenea, ne permite să punem în lumină momentele în care suntem complici la ispitele care ne asaltează în rugăciune. Este cazul când, de exemplu, ne complăcem într-un gând străin rugăciunii, în loc să revenim liniștit la rugăciune.

Armele pentru a obține victoria

REÎNNOIREA PROMISIUNILOR DE LA BOTEZ este una dintre cele mai bune modalități de a-l pune pe fugă pe dușman, fiind accesibilă tuturor. Folosindu-ne de libertatea și de voința noastră, luăm, atunci, o poziție clară pentru Dumnezeu și împotriva Satanei. Putem și trebuie să renunțăm în mod regulat, cu voce tare, la spiritele rele care vin să ne asalteze. De exemplu, putem să folosim astfel de formule: "În numele lui Isus renunț la spiritul îndoielii, la spiritul mândriei, la spiritul disperării, la spiritul necurăției, la spiritul urii și al răzbunării, la spiritul invidiei, la spiritul somnolenței" etc.

SACRAMENTALIILE sunt un ajutor prea des trecut cu vederea. Dintre Sacramentalii putem aminti: tămâia exorcizată, apa sfințită exorcizată, obiectele binecuvântate pe care le purtăm asupra noastră, sarea sfințită exorcizată, uleiul sfânt exorcizat . . . etc. De exemplu, Sfânta Tereza de Avila îl alungă pe Satana cu apă sfințită. De asemenea, avem exemplul Medaliei Miraculoase.

4. Dumnezeu permite această luptă numai în măsura în care ea poate să ne facă să creștem și să ne unim mai mult cu El

Toate aceste arme sunt necesare, dar să nu uităm niciodată că Dumnezeu rămâne întotdeauna Stăpânul a toate. El deține în mod constant controlul, chiar și atunci când uneori totul pare fără ieșire. Isus l-a înfruntat pe Satana doar fiindcă a fost trimis de Spirit în deșert; această luptă l-a încercat și l-a întărit astfel încât să-și poată îndeplini bine misiunea. Iob a fost încercat numai cu permisiunea lui Dumnezeu, iar rodul acestei încercări a fost o imensă binecuvântare. La fel s-a întâmplat și cu nenumărați sfinți (Sfântul Antonie cel Mare — din Pustiu, Sfântul Benedict, Sfânta Ecaterina de Siena, Mica Tereza, Sfântul Padre Pio, venerabila Marthe Robin . . .)

Aceasta este calea obișnuită a vieții creștine. Dacă ne uităm la roadele ei, ea are întotdeauna ca rezultat o creștere spirituală și o unire mai profundă cu Dumnezeu. Este chiar singura modalitate de a intra în intimitate cu Dumnezeu, așa cum a vrut să ne-o dea din toată veșnicia. Din această perspectivă, lupta spirituală în rugăciune devine un avantaj, un bine nu numai necesar, ci și indispensabil. Ea ne oferă acest antrenament care, în cele din urmă, ne permite să-l iubim pe Dumnezeu și pe aproapele nostru în adevăr, liberi de orice îndoială și purificați. Vocea Șarpelui nu mai poate să acționeze asupra noastră și nici să ne influențeze. Atunci, devenim treptat oamenii liniștiți și împăcați la care Dumnezeu a visat când a creat omenirea. Sfinții sunt exemple vii în acest sens și cu toții suntem chemați să fim ca ei. Așa au câștigat ei victoria împotriva Satanei.

Dar, această luptă trebuie să fie bine purtată!

5. Roadele unei lupte bine purtate

Sfinții și Părinții Deșertului ne oferă lumini abundente asupra luptei spirituale în rugăciune. Ei au o experiență profundă în acest domeniu, așa că este folositor să ne adăpăm din izvorul acestei înțelepciuni vechi de secole. (Barsanufius, Doroteus din Gaza, Sfânta Maryam din Betleem, Sfântul Benedict, Sfântul Antonie din Pustiu, Sfântul Padre Pio, Sfânta Ecaterina de Siena, Sfânta Faustina, Sfânta Tereza de Lisieux, Venerabila Marthe Robin, Sfânta Teresa de Avila, Sfântul Ioan al Crucii, Sfântul Ioan Paul al II-lea . . .)

SFÂNTUL MACARIE EGIPTEANUL ne oferă un rezumat foarte bun al sensului luptei spirituale în rugăciune și al spiritului în care aceasta trebuie să se desfășoare.

"Nu trebuie să tratăm cu ușurință ceea ce este scris despre Iob, și anume modul în care Satana a făcut o cerere cu privire la el. Într-adevăr, singur, Satana nu putea face nimic. Dar ce-i spune diavolul Domnului? "Însă întinde-ți mâna și atinge-te de tot ceea ce are și vom vedea dacă te va mai "binecuvânta" în față !" (IOB 1,11). Iob, Dumnezeu și diavolul sunt mereu de față. De îndată ce un suflet primește ajutorul lui Dumnezeu și este plin de zel și har, Satana îl cere și-i spune Domnului: "Te slujește pentru că-l ajuți și-l ocrotești. Dar lasă-l, dă-mi-l în mâinile mele și vom vedea dacă te va mai binecuvânta în față". Apoi, după ce sufletul a fost mângâiat, harul se retrage și sufletul este abandonat ispitelor. Diavolul se apropie de el și-l copleșește cu o mie de rele: descurajare, disperare, gânduri negative (. . .). El aruncă sufletul într-un zbucium sufletesc pentru a-l face laș și a-i lua speranța în Dumnezeu. Sufletul prevăzător nu deznădăjduiește atunci când este cufundat în nenorociri și suferințe, ci păstrează cu fermitate ceea ce are și, dacă mii de încercări se abat asupra lui, sufletul le suportă spunând: "Chiar dacă mor, în El îmi voi pune speranța" (Iob 13,15).

"Așadar, dacă omul perseverează până la sfârșit (. . .), diavolul nu poate să facă nimic (. . .). Astfel, Satana este acoperit de rușine de către cei care rezistă neclintiți în necazuri și ispite (. . .)"

"Satana nu încetează niciodată lupta. Atâta timp cât un om trăiește în această lume, îmbrăcat în trup, el este în război (. . .). La fel este și în cazul creștinilor: fără îndoială că dușmanul se luptă cu ei, dar ei rămân cu Cristos, ei au îmbrăcat puterea și odihna de sus și nu le pasă de război (. . .)"

"Chiar dacă se iscă războiul, chiar dacă Satana bate la ușă din exterior, ei sunt în siguranță în interior datorită puterii Domnului . . . Chiar dacă sunt ispitiți în exterior, Creștinii sunt plini de divinitate în interior și nu suferă nicio vătămare. Dacă cineva a atins acest nivel, el a ajuns la caritatea perfectă față de Cristos și la plinătatea dumnezeirii. Dar cel care nu a atins acest nivel, trebuie să

Roadele unei lupte bine purtate

lupte în continuare în interior. Uneori, el se odihnește în rugăciune, dar alteori este în suferință și război. Domnul vrea să fie așa."

"Deoarece el este încă un copil, îl deprinde cu lupta. Două lucruri abundă înăuntrul lui: lumina și întunericul, odihna și suferința. El se roagă în odihnă, dar o clipă mai târziu este tulburat. Faptul că lupta vine, nu depinde de tine; dar depinde de tine să urăști răul."

"Când Domnul va vedea că intelectul tău se zbate și că-L iubești cu tot sufletul, El va îndepărta moartea din sufletul tău într-o clipă—Lui nu-i este greu s-o facă—și te va lua în sânul Lui și în lumina Lui. El te va smulge cât ai clipi din ochi din gura întunericului și te va duce imediat în împărăția Lui, căci lui Dumnezeu îi este ușor să facă totul într-o clipă, doar să ai iubire pentru El. De fapt, Dumnezeu nu are nevoie de activitatea omului, fiindcă sufletul omului este capabil să comunice cu divinitatea.""

(Sfântul Macarie Egipteanul—călugăr egiptean din secolul al IV-lea și Părinte al Deșertului)

DOROTEUS DIN GAZA propune această imagine edificatoare:

"Cei care trebuie să înoate în mare și cunosc arta înotului, se scufundă când valul vine peste ei și înoată pe sub el până când acesta trece. După care continuă să înoate fără dificultate. Dacă vor să înfrunte valul, acesta îi împinge înapoi și îi aruncă la o distanță mare. De îndată ce încep să înoate iarăși, un alt val vine peste ei; dacă se împotrivesc din nou valului, sunt iar împinși înapoi și aruncați; ei doar obosesc și nu înaintează. Dimpotrivă, să plonjeze sub val și acesta va trece fără să-i stingherească; vor continua să înoate cât vor voi și să facă ceea ce trebuie să facă.

"La fel se întâmplă și cu ispitele. Suportate cu răbdare și umilință, ele trec fără să facă rău. Dar dacă stăm să ne amărâm, să ne tulburăm, să acuzăm pe toată lumea, ne producem suferință nouă înșine, făcând ca ispita să devină și mai chinuitoare pentru noi, iar rezultatul este nu numai că ea nu ne aduce niciun folos, ci ne este chiar dăunătoare."

(Doroteus din Gaza — Părinte al deșertului, secolul al VI-lea în Palestina, născut în Antiohia — "Instrucțiuni" cap.140)

BARSANUFIUS ne oferă această apoftegmă: Unui frate care i-a spus: "Ce ar trebui să fac, Părinte, căci luptele mă chinuie și mă apasă?", Barsanufius i-a răspuns: "Frate, timpul războiului este un timp de lucru. Nu te destinde, ci lucrează, luptă! Când lupta devine mai chinuitoare, strigă și tu mai stăruitor: "Doamne Isuse Cristoase, Tu vezi neputința mea și suferința mea, vino în ajutorul meu, eliberează-mă de cei care mă urmăresc, căci mă refugiez lângă Tine". Și roagă-te ca să-L poți sluji pe Dumnezeu cu o inimă curată . . ."

(Barsanufius din Gaza, călugăr din secolul al VI-lea, venerat ca sfânt de Biserica Catolică)

SFÂNTUL SILUAN a trecut prin ispite foarte puternice, până la punctul de a se îndoi de mântuirea sa. El a primit de la Domnul Isus această explicație a suferințelor sale: "Cei mândri trebuie să sufere mereu în acest fel din partea demonilor", iar Isus i-a dat și mijloacele de a ieși învingător din încercările sale: "Ține-ți mintea în iad și nu dispera!" Sfântul Siluan

mărturisește că acest gând i-a fost de mare folos și conchide:
"Spiritul meu s-a purificat și sufletul meu și-a găsit odihna".

(Sfântul Siluan, călugăr de pe Muntele Athos, a murit în 1938)

SFÂNTA MARYAM DIN BETLEEM (Sora Maria a lui Isus Răstignit) dă aceste sfaturi surorilor ei din Carmel:

> "Aveți mare grijă să vă păstrați pacea inimii, pentru că Satana pescuiește în ape tulburi. Dorința mea este să vă păstrați pacea interioară; nu dați importanță temerilor și scrupulelor. Faceți ceea ce puteți, umiliți-vă pentru ceea ce nu faceți și consumați toate temerile inutile, pe care eu le numesc nebunii, în focul iubirii."
>
> "Dacă fiecare dintre miei se consideră ca fiind ultimul dintre toți, Sfânta Fecioară va fi cu el. Urmați cuvintele lui Isus. Nu vă descurajați niciodată. Satana, furios, va veni să vă ispitească: nu-l ascultați niciodată, ascultați-l întotdeauna pe Păstor. Niciodată, dar niciodată, să nu-l ascultați pe Satana; el este invidios. Când vine, umiliți-vă. Dacă Isus îi permite să vă ispitească, este pentru a vă face să creșteți."

SFÂNTA FAUSTINA a ilustrat bine cuvintele Sfântului Paul: "Luptând contra păcatului, voi nu v-ați împotrivit încă până la sânge" (EV 12,4). Ea scrie în jurnalul ei:

> "În timpul Orei Sfinte, Domnul mi-a permis să experimentez Patima lui. Am împărtășit amărăciunea chinului care-i umplea sufletul. Isus mi-a făcut cunoscut cât de statornic în rugăciune trebuie să fie sufletul în ciuda chinurilor, a secetei și a ispitelor, căci, în mare măsură,

realizarea planurilor lui Dumnezeu, care uneori sunt foarte mari, depinde de o astfel de rugăciune. Şi dacă nu perseverăm în această rugăciune, zădărnicim planurile pe care Dumnezeu voia să le realizeze prin noi sau în noi. Fiecare să-şi amintească aceste cuvinte: "Şi fiind în agonie, se ruga şi mai stăruitor" (LC 22,44). Întotdeauna prelungesc o astfel de rugăciune, atât cât îmi stă în putere şi potrivit îndatoririlor mele". (Mic Jurnal — § 872)

"În ciuda liniştii sufletului meu, duc o luptă continuă cu duşmanul sufletului meu. Descopăr mereu noi capcane de-ale lui şi lupta se dezlănţuie din nou. În perioadele de pace mă pregătesc şi veghez ca duşmanul să nu mă găsească fără apărare; şi când îi văd marea furie, atunci rămân în cetate, adică în Inima Preasfântă a lui Isus." (Mic Jurnal — § 1287)

"... În timp ce mă rugam pentru păcătoşi şi-mi ofeream toate suferinţele, am experimentat atacurile Satanei. Spiritul cel Rău nu a putut suporta acest lucru. Şi acest spirit mi-a spus: "Nu te ruga pentru păcătoşi, ci pentru tine, căci vei fi blestemată". Fără să-i acord atenţie Satanei, m-am rugat cu o şi mai mare fervoare pentru păcătoşi. Spiritul rău urla de furie: "Oh, dacă aş avea putere asupra ta!" — şi a dispărut. Am ştiut că suferinţa şi rugăciunea mea l-au încurcat pe Satana şi că am smuls multe suflete din ghearele sale". (MJ — § 1465)

Isus: "Când un suflet îmi glorifică bunătatea, atunci demonul tremură în faţa lui şi fuge în adâncul iadului." (MJ — § 378)

PADRE PIO explică, de asemenea, că Diavolul nu poate să ne facă rău pe plan spiritual decât dacă îl lăsăm noi să intre:

"Diavolul este ca un câine turbat legat de un lanț. Dincolo de limita lanțului, el nu poate prinde pe nimeni. Voi, așadar, păstrați distanța. Dacă vă apropiați prea mult de el, veți fi prinși. Amintiți-vă, Diavolul are o singură poartă pentru a intra în sufletul nostru: voința noastră. Nu există nicio poartă secretă sau ascunsă. Niciun păcat nu este un păcat adevărat dacă nu a fost consimțit în mod voluntar. (*Roads to Padre Pio — Drumuri spre Padre Pio* de Clarice Bruno)

> "Faceți tot felul de rugăciuni și cereri în Spirit în toată vremea! Pentru aceasta fiți vigilenți și statornici în rugăciune..." (EF 6,18)

Să ne rugăm neîncetat: la aceasta suntem chemați și la aceasta se opune diavolul cu toată puterea lui. Această viață de unire cu Dumnezeu, în abandon și încredere, nu poate să fie decât rezultatul unei lupte constante, care ne face să mergem din victorie în victorie, în timp ce ne păstrăm ochii fixați asupra izvorului inepuizabil al Iubirii.

Anexa

Anexa 1
Câteva mesaje ale Mariei despre Rozariu

Când vizionara Marija Pavlovic a întrebat-o: "Care este mesajul tău pentru preoți?", Sfânta Fecioară a răspuns astfel: "Dragi copii, vă rog să-i invitați pe preoți la rugăciunea ROZARIULUI. Cu ROZARIUL veți învinge toate dificultățile pe care Satana vrea să le provoace Bisericii Catolice. Voi, toți preoții, Rugați-vă ROZARIUL. Dedicați timp Rozariului" (25 IUNIE 1985)

"Dragi copii, puneți-vă armura de luptă împotriva Satanei și fiți victorioși cu ROZARIUL în mână!" (8 AUGUST 1985)

"Rugați-vă! Rozariul să fie mereu în mâinile voastre, ca un semn pentru Satana că-mi aparțineți." (25 FEBRUARIE 1988)

"Dragi tineri, Satana este puternic și va face orice ca să vă tulbure, împiedicând toate inițiativele voastre. De aceea, rugați-vă mai mult, fiindcă aveți mare nevoie de rugăciune în aceste vremuri din urmă. Arma cea mai eficientă împotriva Satanei este Rozariul". (1 AUGUST 1990)

"Dumnezeu m-a trimis printre voi ca să vă ajut. Dacă vreți, luați Rozariul! Un simplu Rozariu poate să facă miracole în lume și în viețile voastre." (25 IANUARIE 1991)

"Atunci când vă simți obosiți sau bolnavi și nu știți care este sensul vieții voastre, luați Rozariul și rugați-vă. Rugați-vă până când rugăciunea devine pentru voi o întâlnire plină de bucurie cu Mântuitorul vostru." (25 APRILIE 2001)

"Rugați-vă ca să puteți fi apostoli ai luminii divine în acest timp de întuneric și de disperare. Acesta este un timp de încercare pentru voi. Cu Rozariul în mână și iubire în inimă, porniți la drum cu mine. Vă conduc spre Paști, în Fiul meu." (2 MARTIE 2012)

"Cel mai frumos lucru este să vezi un om în genunchi, cu Rozariul în mână, pentru că mărgelele Rozariului sunt o armă mai puternică decât bomba nucleară." (Mesaj dat grupului de rugăciune al Jelenei Vasilj, 1984)

Anexa 2
O rugăciune puternică

În 13 ianuarie 1864, Fericitul părinte Louis-Édouard Cestac (1801-1868), fondatorul congregației Slujitoarelor Mariei, a primit brusc o rază de lumină divină. A văzut demoni răspândiți pe pământ, provocând distrugeri de nedescris. În același timp, a avut o viziune a Preasfintei Fecioare Maria. Această Mamă bună i-a spus că, într-adevăr, demonii s-au dezlănțuit în lume și că a sosit timpul să se roage Ei ca "Regină a Îngerilor" și să-i ceară să trimită Legiunile Cerești să lupte și să învingă puterile iadului^{*}. El a primit de la Sfânta Fecioară rugăciunea "Augustă Regină a Cerului și Stăpână Suverană a Îngerilor". Această rugăciune a primit indulgență de la Sfântul Papă Pius al X-lea în 8 iulie 1908. (Părintele Cestac a

---

^{*} "Mama mea, a spus preotul, tu, care ești atât de bună, nu ai putea să trimiți Legiunile fără să ți se ceară acest lucru?"

"Nu, a răspuns Sfânta Fecioară, rugăciunea este o condiție stabilită chiar de Dumnezeu pentru obținerea harurilor."

"Ei bine, Mama mea, a continuat preotul, ai vrea să mă înveți tu însăți cum trebuie să ne rugăm ție?"

fost beatificat în 31 mai 2015, la Bayonne, de către cardinalul Amato. Sărbătoarea sa a fost stabilită pe 27 martie.)

Iată rugăciunea:

"Augustă Regină a Cerului și Stăpână Suverană a Îngerilor, ție, care de la început ai primit de la Dumnezeu puterea și misiunea de a zdrobi capul Satanei, îți cerem cu umilință să trimiți Legiunile tale sfinte, pentru ca, la porunca ta și prin puterea ta, ele să-i urmărească pe demoni, să se lupte cu ei peste tot, să le înfrâneze îndrăzneala și să-i împingă înapoi în abis.

Cine e ca Dumnezeu?
O, Mamă bună și tandră, tu vei fi mereu Iubirea și Speranța noastră.
O, Mamă dumnezeiască, trimite-i pe Sfinții Îngeri să ne apere și să-l alunge departe de noi pe dușmanul cel crud.
Sfinți Îngeri și Arhangheli, apărați-ne, păziți-ne !" **

(textul original al rugăciunii)

** La îndemnul părintelui Louis-Édouard Cestac, rugăciunea "Augustă Regină a Cerului..." a fost răspândită în tot universul catolic, fiind însoțită pretutindeni de haruri extraordinare. Astfel, cu douăzeci de ani înainte de viziunea Papei Leon al XIII-lea și cu aproximativ cincizeci de ani înainte ca Domnul nostru să-i apară lui Padre Pio și ca Sfânta Fecioară să apară la Fatima, Mama noastră a avertizat un suflet privilegiat asupra amenințărilor care planau asupra lumii.

Anexa 3
Maria ne vine în ajutor

"Eu sunt cu voi și doresc să vă iau în Inima mea și să vă protejez, dar voi nu v-ați hotărât încă. De aceea, dragi copii, vă cer să vă rugați, pentru ca prin rugăciune să-mi permiteți să vă ajut . . . " (25 IANUARIE 1992)

"Dragi copii, în aceste zile Satana se manifestă într-un mod special în această parohie. Rugați-vă, dragi copii, ca planul lui Dumnezeu să se realizeze și ca toate acțiunile Satanei să se sfârșească spre gloria lui Dumnezeu. Eu am rămas atât de mult timp ca să vă ajut în încercări." (7 FEBRUARIE 1985)

"Copilașilor, vă invit pe toți ca, astăzi, să vă hotărâți din nou pentru convertire. Eu sunt aproape de voi și vă invit pe toți, copilașilor, în brațele mele, ca să vă ajut ; dar voi nu vreți și, astfel, Satana vă ispitește și până și în lucrurile cele mai mici credința voastră dispare. De aceea, copilașilor, rugați-vă și prin rugăciune veți avea binecuvântare și pace."
(25 MARTIE 1995)

"Eu sunt aproape de voi și mă rog pentru fiecare dintre voi. Vă implor: rugați-vă, rugați-vă, rugați-vă. Numai prin rugăciune putem învinge răul și proteja tot ceea ce Satana vrea să distrugă în viața voastră. Eu sunt Mama voastră, vă iubesc pe toți în mod egal și mijlocesc pentru voi înaintea lui Dumnezeu." (25 FEBRUARIE 1994)

"Copilașilor, înțelegeți că acesta este un timp de har pentru fiecare dintre voi și cu Mine, copilașilor, sunteți în siguranță. Doresc să vă conduc pe toți pe calea sfințeniei. Trăiți mesajele mele și includeți în viața voastră fiecare cuvânt pe care vi-l dau. Aceste cuvinte să fie prețioase pentru voi, fiindcă ele vin din Cer." (25 IUNIE 2002)

"Dragi copii, și astăzi vă chem: trăiți-vă vocația în rugăciune. Astăzi, ca niciodată până acum, Satana vrea să sufoce omul și sufletul său cu suflarea lui contagioasă de ură și de neliniște. În multe inimi nu există bucurie, pentru că nu există nici Dumnezeu, nici rugăciune. Ura și războiul cresc pe zi ce trece. Vă chem, copilașilor: începeți din nou, cu entuziasm, să umblați pe calea sfințeniei și a iubirii, căci de aceea am venit în mijlocul vostru. Împreună să fim iubire și iertare . . . " (25 IANUARIE 2015)

"Doresc, copilașilor, ca fiecare dintre voi să se îndrăgostească de viața veșnică, care este viitorul vostru, și ca toate lucrurile pământești să fie pentru voi un ajutor care să vă apropie de Dumnezeu Creatorul. Sunt cu voi de atâta timp deoarece sunteți pe calea greșită. Doar cu ajutorul meu, copilașilor, vă veți deschide ochii. Sunt numeroși cei care, trăind mesajele mele, înțeleg că sunt pe calea sfințeniei spre veșnicie . . . " (25 IANUARIE 2009)

" Copilașilor, nu uitați că Satana este puternic și vrea să vă distragă de la rugăciune. Voi, nu uitați că rugăciunea este cheia secretă a întâlnirii cu Dumnezeu. De aceea sunt cu voi, ca să vă călăuzesc. Nu renunțați la rugăciune!" (25 AUGUST 2017)

Anexa 4
Papii ne luminează

PAPA BENEDICT AL XVI-LEA NE SPUNE:

Credința în Dumnezeu, ca criteriu de bază al vieții noastre și al vieții Bisericii, implică întotdeauna o luptă, o confruntare spirituală, deoarece spiritul răului se opune, bineînțeles, sfințirii noastre și încearcă să ne facă să ne îndepărtăm de calea lui Dumnezeu. Acesta este motivul pentru care, în fiecare an, Evanghelia ispitirii lui Isus în pustiu este proclamată în prima duminică a Postului Mare.

Într-adevăr, după ce a primit "investitura" de Mesia—"Unsul" Spiritului Sfânt—în timpul botezului în Iordan, Isus a fost condus de același Spirit în pustiu pentru a fi ispitit de diavol. La începutul activității sale publice, Isus a trebuit să demaște și să respingă imaginile false ale lui Mesia pe care i le prezenta ispititorul. Dar aceste ispite sunt și imagini false ale omului, care în orice moment întind capcane conștiinței, luând forma unor propuneri avantajoase și eficiente, chiar bune. Evangheliștii Matei și Luca prezintă trei ispitiri ale lui Isus, care se disting parțial, dar numai prin ordinea lor. Nucleul lor central constă întotdeauna în folosirea lui Dumnezeu ca instrument pentru atingerea scopurilor personale, acordând mai multă importanță succesului sau bunurilor materiale.

Ispititorul este viclean: el nu ne împinge spre rău în mod direct, ci mai degrabă spre un bine fals, făcându-ne să credem că adevăratele realități sunt puterea și ceea ce satisface nevoile primare. În acest fel, Dumnezeu devine secundar, El este redus la un "mijloc" și în cele din urmă devine ireal, nu mai contează, dispare. În final, în ispitiri este în joc credința, fiindcă este în joc Dumnezeu. În momentele cruciale ale vieții, dar și, dacă privim mai bine, în orice moment, ne aflăm în fața unei răscruci: vrem să ne urmăm propriul ego sau să-l urmăm pe Dumnezeu? Interesul individual sau adevăratul Bine, adică ceea ce este *cu adevărat* bine?

După cum ne învață Părinții Bisericii, ispitele fac parte din "coborârea" lui Isus în condiția noastră umană, în abisul păcatului și al consecințelor sale. O "coborâre" pe care Isus a parcurs-o până la sfârșit, până la moartea pe cruce și până în iadul îndepărtării extreme de Dumnezeu. În acest fel, El este mâna pe care Dumnezeu i-a întins-o omului, oiței rătăcite, pentru a o aduce înapoi în siguranță. Așa cum ne învață Sfântul Augustin: Isus ne-a luat ispitele, pentru a ne da victoria Sa (cf. Enarr. in Psalmos, 60, 3: pl 36, 724).

Așadar, să nu ne fie teamă să intrăm în lupta împotriva spiritului răului: important este să o facem împreună cu El, cu Cristos, Învingătorul. Și pentru a rămâne cu El, să ne adresăm Mamei Lui, Maria: să o invocăm cu o încredere filială în momentul încercării și ea ne va face să simțim prezența puternică a Fiului ei divin, ca să respingem ispitele prin Cuvântul lui Cristos și, astfel, să-l reașezăm pe Dumnezeu în centrul vieții noastre. (Fragment din discursul rugăciunii Angelus din 17 februarie 2013)

PAPA FRANCISC NE SPUNE:

158. Viața creștină este o luptă permanentă.

159. Nu este vorba doar o luptă împotriva lumii și a mentalității lumești, care ne înșală, ne zăpăcește și ne face mediocri, fără angajare și fără bucurie. Nici nu se reduce la o luptă împotriva propriei fragilități și a propriilor înclinații (fiecare o are pe a sa: lenea, senzualitatea, invidia, gelozia și altele). EA ESTE ȘI O LUPTĂ CONSTANTĂ ÎMPOTRIVA DIAVOLULUI, care este principele răului.

160. Nu vom admite existența diavolului dacă ne încăpățânăm în a privi viața doar cu criterii empirice și fără o perspectivă supranaturală. Tocmai convingerea că această putere rea este în mijlocul nostru este cea care ne permite să înțelegem de ce uneori răul are atâta forță distructivă... Prezența diavolului se află în prima pagină a Scripturii, care se termină cu victoria lui Dumnezeu asupra diavolului.

162. Cuvântul lui Dumnezeu ne invită în mod clar să "stăm în picioare în fața înșelătoriilor diavolului" (Ef 6,11)... Acestea nu sunt cuvinte poetice, deoarece și calea noastră spre sfințenie este o luptă constantă. Cine nu vrea să recunoască acest lucru se va vedea expus eșecului sau mediocrității.

163. Pe această cale, dezvoltarea binelui, maturizarea spirituală și creșterea iubirii sunt cea mai bună

contragreutate față de rău . . . "Cel care începe fără încredere a pierdut anticipat jumătate din bătălie și-și îngroapă talentele [...] Triumful creștin este mereu o cruce, dar o cruce care este în același timp un stindard de victorie purtat cu o duioșie luptătoare împotriva atacurilor răului."

(Exortația apostolică a papei Francisc "Gaudete et exsultate", despre chemarea la sfințenie în lumea contemporană, 19 martie 2018)

Papa Leon al XIII-lea

Papa Leon al XIII-lea ne dă o rugăciune compusă de el după ce a avut o viziune a iadului. În cartea lui Don Amorth, "Un exorcist povestește", găsim relatarea acestei viziuni:

"În 13 octombrie 1884, marele Pontif Leon al XIII-lea celebrase Sfânta Liturghie și asista, ca de obicei, la o altă ceremonie de mulțumire. Deodată, el a fost văzut ridicându-și capul și fixând intens cu privirea ceva deasupra capului celebrantului. Privea nemișcat, fără să clipească din ochi. Expresia lui era una de groază și de uimire, iar culoarea și trăsăturile feței sale se schimbau rapid. În el se întâmpla ceva neobișnuit și serios.

În cele din urmă, ca și cum și-ar reveni în fire și dându-și o lovitură ușoară, dar energică, cu mâna, s-a ridicat. Apoi, s-a îndreptat spre biroul său privat. Apropiații săi, neliniștiți, l-au urmat și l-au întrebat în șoaptă: "Sfinte Părinte, nu vă simțiți bine? Aveți nevoie de ceva?" El a răspuns: "De nimic, de nimic."

O jumătate de oră mai târziu, el l-a chemat pe Secretarul Congregației Riturilor și, dându-i o foaie, i-a cerut să o tipărească și s-o trimită tuturor episcopilor din lume. Ce conținea această hârtie? Rugăciunea pe care o recităm la sfârșitul Liturghiei, cu credincioșii, alcătuită din implorarea Sfintei Fecioare și invocarea înflăcărată a Prințului oștirilor cerești cu implorarea lui Dumnezeu de a-l arunca pe Satana înapoi în iad."

Iată un alt fragment din revista "L'appel du Ciel" (Chemarea Cerului) — nr. 25, din septembrie 2010, completat cu unele precizări ale unui fragment aproape identic publicat de revista ordinului terțiar Augustinian din decembrie 1941:

"În 13 octombrie 1884, după ce Papa Leon al XIII-lea a terminat de celebrat Liturghia în capela privată din Vatican, în care era înconjurat de câțiva cardinali și membri ai Vaticanului, el s-a oprit brusc la piciorul altarului. A rămas acolo vreo zece minute, ca într-un extaz, iar fața îi era albă de lumină. Apoi, plecând imediat din capelă spre biroul său, el a compus rugăciunea către Sfântul Arhanghel Mihail cu instrucțiunea ca ea să fie rostită pretutindeni după fiecare liturghie recitată.*

Când a fost întrebat ce s-a întâmplat, el a explicat că, în momentul în care urma să plece de lângă altar, a auzit, brusc, două voci:

"După Liturghie, am auzit două voci, una amabilă și blândă, cealaltă guturală și aspră. Păreau că vin de lângă tabernacol. Era vorba despre Satana care se adresa Domnului, ca într-un dialog . . . Apoi, am avut o viziune îngrozitoare a iadului: am văzut pământul ca învăluit în întuneric și, dintr-un abis, am văzut ieșind legiuni de demoni care se răspândeau în întreaga lume pentru

---

* Liturghie necântată în care preotul doar citește textele. (Missa lecta)

Papa Leon al XIII-lea

a distruge lucrările Bisericii și a ataca Biserica însăși, pe care am văzut-o într-o stare mizerabilă. Atunci, Sfântul Mihail a apărut și a împins spiritele rele înapoi în abis. Apoi, l-am văzut pe Sfântul Arhanghel Mihail intervenind nu în acel moment, ci mult mai târziu, după ce oamenii și-au înmulțit rugăciunile înflăcărate către Arhanghel."

La sfârșitul acestei viziuni, Leon al XIII-lea a compus această rugăciune către Sfântul Arhanghel Mihail și a poruncit ca ea să fie rostită după fiecare liturghie recitată:

"*Sfinte Arhanghel Mihail, apără-ne în luptă. Fii ajutorul nostru împotriva răutății și a curselor diavolului. Te implorăm: fie ca Dumnezeu să-l mustre! Iar tu, Prinț al oștirilor cerești, cu puterea pe care o ai de la Dumnezeu, aruncă-l în iad pe Satana și pe celelalte spirite rele care cutreieră lumea căutând să piardă sufletele. Amin.*"

În 1964, această cerere a Papei Leon al XIII-lea a fost suprimată, dar în mesajul *Regina Coeli* de duminică, 24 aprilie 1994, Papa Ioan Paul al II-lea a cerut credincioșilor să recite după liturghie rugăciunea către Sfântul Mihail compusă de Leon al XIII-lea**. El a vorbit despre "Femeia îmbrăcată în soare" menționată în viziunea apocaliptică a Sfântului Ioan, viziune în care dragonul este pe cale să-i devoreze fiul nou-născut. Papa a spus, apoi, că: "atunci când în fața femeii

---

** În 1994, Papa Ioan Paul al II-lea a spus, despre celebra rugăciune către Sfântul Arhanghel Mihail a Papei Leon al XIII-lea: "Chiar dacă astăzi această rugăciune nu mai este recitată la sfârșitul celebrării euharistice, îi îndemn pe toți să nu o uite, ci s-o recite pentru a obține ajutor în lupta împotriva forțelor întunericului și împotriva spiritului acestei lumi".

se acumulează toate amenințările la adresa vieții pe care ea urmează să o aducă pe lume, trebuie să ne îndreptăm către Femeia *îmbrăcată în soare*, astfel încât ea să ne înconjoare cu grija ei maternă". "Fie ca rugăciunea să ne dea putere să ducem lupta spirituală menționată în Scrisoarea către Efeseni: "Întăriți-vă în Domnul și prin vigoarea puterii Sale!" (Ef 6,10). La aceeași bătălie se referă și Apocalipsa, readucând în fața ochilor imaginea Sfântului Arhanghel Mihail." "Sfântul Arhanghel Mihail ne apără în lupta împotriva diavolilor și a capcanelor celui Rău".

În 29 septembrie 2019, cu ocazia sărbătorii Sfântului Arhanghel Mihail, Papa Francisc le-a cerut credincioșilor catolici din întreaga lume ca pe tot parcursul lunii octombrie (luna Rozariului) să recite în fiecare zi Rozariul și acesta să fie încheiat cu străvechea rugăciune "Sub tuum praesidium" [***] și cu rugăciunea adresată Sfântului Arhanghel Mihail, "pentru a apăra Biserica de diavol, care vrea mereu să ne despartă de Dumnezeu". Iată rugăciunea "Sub tuum praesidium":

"SUB OCROTIREA TA ALERGĂM, PREASFÂNTĂ NĂSCĂTOARE DE DUMNEZEU, nu ne disprețui rugăciunile în nevoile noastre, ci ne mântuiește întotdeauna de toate primejdiile, Fecioară preamărită și binecuvântată.

[***] Rugăciunea Sub Tuum Praesidium ("Sub ocrotirea ta alergăm, preasfântă Născătoare de Dumnezeu") este una dintre cele mai vechi antifoane mariane ale Bisericii, cunoscută cel puțin din secolul al III-lea.

www.ingramcontent.com/pod-product-compliance
Lightning Source LLC
Chambersburg PA
CBHW072209100526
44589CB00015B/2453